UTRILLO

DU MEME AUTEUR

LES SOUPEUSES (*Dessins de Georges Bottini*). Ep.
LE VRAI J.-K. HUYSMANS (*Portrait par J.-F. Raffaëlli*).
LE VRAI RODIN (*Avec reproductions*).
PARIS, VOICI PARIS ! (*Couverture de Sacchetti*).
CUBISTES, FUTURISTES, PASSÉISTES (*Avec des reproductions*). Nouvelle édition.
RODIN (*Grand album, avec reproductions*). Epuisé.
RODIN A L'HOTEL BIRON ET A MEUDON (*Avec reproductions*). Epuisé.
PAUL CÉZANNE (*Avec reproductions*).
LES INDÉPENDANTS (*Avec reproductions*).
VAGABONDAGES (*Edition in-16*).
LAUTREC (*Avec reproductions*).
LES PANTINS DE PARIS (*Avec des dessins de Forain*). Epuisé.
PIERRE BONNARD (*Avec reproductions*).
VINCENT VAN GOGH (*Avec reproductions*).
DEGAS (*Avec reproductions*).
DES GLOIRES DÉBOULONNÉES.
SEURAT (*Avec reproductions*).
DES PEINTRES MAUDITS.

POUR PARAITRE :

RENOIR (*Avec reproductions*).
LA TERRE FROTTÉE D'AIL.

GUSTAVE COQUIOT

ANDRÉ DELPEUCH
EDITEUR, PARIS
51, RUE DE BABYLONE

TABLE DES REPRODUCTIONS

à GIRAN-MAX,

*Quand on veut savoir quelque chose de
la Rue d'hier, c'est à vous qu'il faut s'adres-
ser. Vous avez tout vu, tout retenu. Vos
« Mémoires » seraient du plus pur intérêt,
mais vous ne les écrirez pas.*

*Peintre, pourquoi auriez-vous choisi une
spécialisation, puisque vous éprouvez tant de
joies à ne vous borner point ? Peintre obser-
vateur de la Butte, nul n'en saisit comme
vous le côté dramatique ou funambulesque.
Né rapin, vous l'êtes resté, parce que vous
avez su, vous, conserver toute votre jeunesse. Vos cheveux ont pu tomber, mais non
point votre verve, votre bonne humeur, vos
joyeuses façons de dire. Où vous passez,
vous laissez des larves de rire. Volontiers,*

vous vous dites torero, pêcheur et collectionneur de tout : de vieux bois comme de vieux dessins. C'est que tout vous attire également. Vous fixerez-vous jamais ? Je ne le crois pas ! Vous avez la bougeotte, le tracassin. Cent projets vous sollicitent à la semaine. Le dernier venu est toujours le meilleur. Vous vivez surpris, émerveillé, enchanté. Il faut être froid, dogmatique, ennuyeux, pour solliciter et obtenir des « honneurs », c'est pourquoi vous n'en avez pas. Votre inaltérable fantaisie leur jouerait trop de tours ; vous seriez capable de vous retrouver baguenaudant chez les brocanteurs alors qu'on vous attendrait à l'Elysée. Homme de la Rue, restez donc homme de la Rue. Le sort de Constantin Guys est enviable, le vôtre aussi ; lui, il a jeté çà et là des milliers de dessins ; vous, vous nous distribuez des milliers de judicieuses observations et de cocasses aventures. C'est vous qui renseignerez le mieux Dieu le père, quand il vous aura nommé, làhaut, chef chroniqueur de Montmartre et autres lieux !

G. C.

*chez Spihlmann : au clairon
de Sébastopol.*

*La scène représente une salle de restaurant.
Les dîneurs sont partis. Maurice Utrillo
et moi, demeurons face à face, en compagnie d'une authentique bouteille de vieux
Kirsch de la Forêt Noire.*

J'ai demandé à Utrillo de me raconter
un peu de sa vie. Doucement, il me dit :

— Je suis né à Paris, le 25 décembre
1883, dans la nuit de la Nativité, au n⁰ 3 de
la rue du Poteau, à côté de l'église de Notre-
Dame de Clignancourt. Elle n'est pas bien
belle, cette église, et pas bien vieille ; et elle
se trouve placée comme ça, toute seule ;
mais je l'aime bien tout de même ; et je
l'ai peinte exprès pour maman qui la garde.

Je suis un vrai Parigot, vous voyez ; car la rue du Poteau, c'est bien Montmartre, n'est-ce pas ? Mon vrai père aussi est un Parisien. Ma mère, Suzanne Valadon, est née, elle, à Bessines, près de Bellac (Haute-Vienne). Grand'mère, aussi, est de là-bas. Tout petit, j'ai été reconnu à la mairie par un journaliste espagnol, Michel Utrillo, qui était très amoureux platonique de maman ; mais, vous savez, jamais, cet homme n'a rien fait en ma faveur. C'est maman qui a été et qui est tout pour moi ; et, pourtant, je ne suis pas toujours un fils bien rangé ! »

Je regarde ce grand garçon brun, aux belles mains blanches, qui a eu tant de pitoyables aventures, — et qui n'est qu'un enfant !

Il est si tendre, si candide. Il a un geste brusque, et il déchire ces mots : « Ah ! cet alcool !... »

— Va, Maurice, sois tranquille, avec moi,

tu ne boiras que ce petit verre !...

— Vous savez, continue-t-il, qu'en quittant la rue du Poteau, on est allé à Pierre-fitte-Montmagny. Maman s'était mariée avec un commissionnaire en marchandises, qui avait construit une maison dans ce pays, exactement à la Butte-Pinson. Maman vécut cinq ans là-bas, comme une fermière ; mais elle avait conservé un atelier à Paris. Moi, je fus d'abord placé à l'institution La Flesselle, rue Labat, toujours à Montmartre, hein ? On dirait déjà presque : *Utrillo ou l'enfant de Montmartre* ; un roman pour M. Pierre Decourcelle. De l'institution de la rue Labat, je passai quelques années à l'école payante de Pierrefitte-Montmagny. Notre maison était à cheval sur les deux pays. Je me souviens que j'aimais beaucoup faire des farces, mystifier les paysans ; mais aussi je buvais avec eux, je buvais tout le temps. Il y avait un bal tous les dimanches à la Butte-Pinson ; et je ne quittais pas le comptoir et le jeu de quilles, où l'on me faisait boire exprès. Pour lutter contre cette ivrognerie, on essaya de me mettre en pension au collège Rollin ; mais comme je revenais tous les soirs de Rollin à la Butte-Pinson, vite, ayant connu, les dimanches, beaucoup de rouliers, je lâchais le chemin de fer et revenais avec eux par la route, et quelle route, toute flambante de bistros ! Vrai, n'est-ce pas, ça ne pouvait pas durer toute la vie ! Le mari de maman se fâcha davantage, un jour ; — elle eut à choisir entre lui et son fils ivrogne ; et elle me choisit.

J'ai fait emporter la bouteille de kirsch, quoique rigoureusement authentique, pour ne pas tenter trop Utrillo ; et la servante, la bestiale et grosse Euphrasie, aux cheveux roux, a mis, entre nous deux, une inoffensive canette de bière. Maurice a un vif

mouvement d'humeur ; mais je lui offre
un cigare, et cela le calme, car il n'en finit
pas de l'allumer.

Il se souvient maintenant du temps qu'il
passa au « Crédit lyonnais » ; et cela le
fait rire joyeusement.

— Oui, un drôle de moment ! Car, bien
sûr, un jour, on me mit à la porte du collège
Rollin ; et me voilà libre. Placé dans
une succursale du « Crédit », je deviens,
paraît-il, un étonnant comptable. Je ne
cesse pas de boire ; mais personne n'abat
comme moi la besogne. J'arrive comme une
« Terreur » au milieu des additions, des
multiplications, des reports, des virements,
enfin, au milieu de toutes les complications
des chiffres. Oui, mais les petits verres aussi,
je vous jure que si je les prends à droite et
à gauche, je sais bien leur donner à tous
au bout du compte le même bureau de
dépôt.

Et, sa voix, ses yeux, brusquement, ne sourient plus. Ses grands yeux me fixent ; ses longues mains blanches se crispent, — les doigts, nerveux, craquants, ont eux aussi comme du chagrin ; il les frotte l'un contre l'autre ; et il regarde obstinément du côté de la porte, entr'ouverte, car on vit dans une soirée légère, tranquille.

— Tu veux t'en aller, Maurice ? lui dis-je.

— Non !

— Te promener ?

— Oui !

Et nous sommes dehors, nous faisons le tour de la place du Tertre.

Il se redresse, très grand, très beau. Il réussit tout de même à tirer de son cigare de la fumée ; mais, manifestement, sans joie ; et, brusquement, il me jette :

— Vous savez que j'ai été surveillé ?

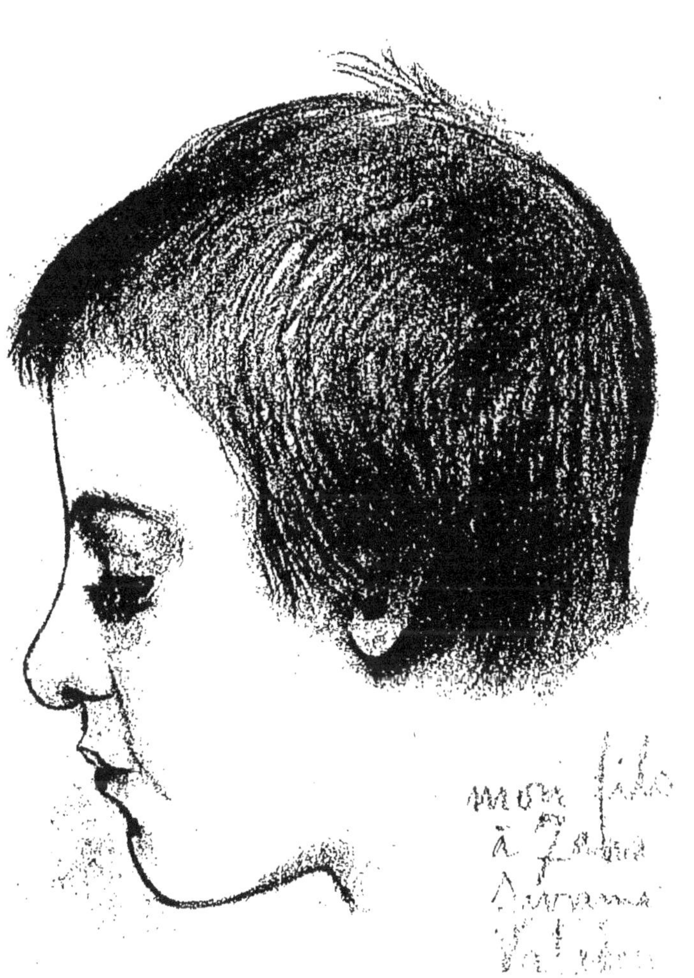
mon fils
à
Valadon

Je plaisante ; je trouve même cela tout naturel.

— Mais, dis-je, cela arrive à tout le monde. Le cerveau, mon cher Maurice, c'est encore plus compliqué qu'une automobile, tu sais. Ça se dérègle vite !

— Oh ! pas comme le mien, peut-être !... Ecoutez, j'ai été à Sannois, dans la maison de santé du docteur Revertégat ; puis à Sainte-Anne, à Villejuif, à Picpus. Où sais-je enfin ?

— Mais on t'a partout bien soigné ?

— Oui, je me souviens à Villejuif, du docteur Collin ! Il me laissait dessiner et peindre. Vous avez des tableaux de moi, de ce temps-là, n'est-ce pas, monsieur Coquiot?

— Oui, Maurice. Un « parc Monceau », des « paysages des environs de Paris » ; et ce que tu as fait de plus étrange, assurément : une « maison du Crime », peinte à Sannois ; et un « Clocher hanté », peint,

la nuit de la Nativité, chez le docteur Revertégat, également. Dans toute l'histoire de la
peinture, il n'y a rien de plus hallucinant
et de plus inouï !... Mais, ailleurs, dans les
autres maisons de repos, on a eu pour toi
des... attentions, des... égards ?

— Oui, peut-être, je ne me souviens
plus !

J'ai pris sa main, elle tremble. Il ne se
souvient plus... ou il ne veut plus se souvenir, n'est-ce pas, monsieur le Docteur X...,
que je veux épargner, pour cette fois ? Il ne
faudra plus jouer sadiquement avec ce
grand peintre, ou gare la trique !

Lui, Utrillo, il a gardé une mémoire puis-
sante, étonnante, déconcertante, de ces
temps méchants. Il se dit — s'il boit toujours — qu'ils peuvent revenir ; et, d'avance,
il en demande pardon à sa mère. Il lui écrit
de pauvres lettres navrantes, d'un cœur cent
fois ulcéré ; et il la supplie de ne pas ces-

ser de l'aimer, de le retrouver même lorsqu'il en est indigne, tout couvert des bles-
sures, des crachats, des ordures de la foule.
Ah ! toutes les condamnations pour ivresse
qu'il a déjà accumulées ! combien de fois,
son admirable mère a saigné pour lui toutes
ses larmes et bu toutes ses hontes !

Elle a traîné partout, avec elle, ce terrible
fils, ange aujourd'hui, être coléreux demain;
— elle, qui a aussi toute une carrière de
peintre à parcourir et à semer de glorieuses
toiles ; — elle a fait peindre toujours ce
fils à côté d'elle, tout près de ses flancs qui
restent comme endoloris encore d'avoir
enfanté un tel « prodige » !

Oui ! un tel prodige ! Car, ses débuts furent plutôt singuliers, à Utrillo. Il est venu
à ses chefs-d'œuvre par des voies plutôt
étroites et âpres. Ecoutez Suzanne Valadon
vous raconter combien il détestait, les premiers temps, la peinture, peignant comme

on menace un chien ; et, de ce dégoût, ce que cela fut *neuf* tout de suite, pittoresque et attachant !

Il voulait *écrire*, lui ; un de plus ! Ses petites toiles peintes, il s'échappait, les vendait, les donnait plutôt à des prix de misère ; et il buvait, son vrai régal.

Aussi, tout d'un coup, il se rappelle que nous avons une canette en train chez Spihlmann ; et il m'entraîne, et je me laisse entraîner chez le vieux bougre qui a fait peindre cette guerrière enseigne : *Au Clairon de Sébastopol* ; et c'est même cela qui, en ce moment, préoccupe Maurice plus fortement que tout le reste ; car il me dit :

— Alors, il a été clairon à Sébastopol, le père Spihlmann ?

— Lui ou un autre, tu sais, Maurice !

— C'est peut-être glorieux d'être clairon ?

— C'est plus facile que de faire de la bonne peinture.

— Alors, je dirai à maman de m'acheter un clairon et je viendrai souffler dedans ici, devant la porte du café.

— Et tu auras encore des embêtements et on te bouclera ! Reste tranquille ! Contente-toi de ta flûte en fer blanc ? Ça fait moins de bruit !... Euphrasie, une canette ?

Et Maurice Utrillo reste sombre, obsédé. L'enfant qu'il demeure se demande, évidemment, pourquoi on peut parfois — glorieusement — souffler comme un sourd dans un clairon ; et, d'autres fois, pourquoi cela est défendu et vigoureusement combattu par la police...

*oh ! que je vous aime, pe-
tite Place du Tertre, et
vos entours !*

Oh ! Petite place du Tertre, que je t'aime,
que je t'aime !... J'espère que tu n'échangé-
ras jamais ton visage de petite vieille ridée,
pittoresque et intime, contre un visage de
matrone cossue, ayant des balcons pour pei-
gnes et des toits de zinc pour chapeau !
J'espère que tu repousseras de toute ta
courte colère furibonde les pioches et les
pics des démolisseurs, ces éventreurs de la
pierre, de la brique et des chambres où de
pauvres existences s'aimèrent, se querellè-
rent et moururent ! J'espère que, de longtemps encore, je vous retrouverai, bons
petits hôtels du Tertre (chez Bouscarat),
chers petits restaurants, humbles petites

boutiques où une sonnette, comme au village, tinte encore quand on ouvre la porte ! J'espère... j'espère ! Cache-toi, fais-toi oublier sous l'aile blanche et orgueilleuse du Sacré-Cœur de Jésus, juché en défi à Paris, dont les bruits déferlent en ressacs d'ordures, de sueurs et de hontes !...

Souvent, souvent, chassé par mes dégoûts de ce Paris livré aux bêtes, je suis allé, là-haut, revoir également la petite place devant la dolente chapelle consacrée à saint Pierre, ce misérable apôtre qui renia trois fois Jésus. Il y a des heures douces où l'on ne fait là-haut nul tapage, où la pensée s'endort, où l'on ne rêve qu'à l'humilité et à la vanité des choses. Venait lentement la fin de la journée. J'allais prendre alors Utrillo chez lui, rue Cortot ; et, mon bras passé sous le sien, nous traînions par les rues de la Butte, qui reste tout son empire, à lui, Maurice ; à lui que tout Montmartre

connaît et appelle ainsi, familièrement.
Sans doute, sans doute, il ne s'y montre pas
toujours sage ; mais quel véritable mal peut
faire cette âme tendre, quand on la laisse
regarder tout, avec ses grands yeux de
miséricorde !...

On errait ainsi le long des rues de la
Bonne, du Calvaire, de la Barre ; — on
suivait les rues sainte Euphrasie, des Saules,
saint Rustique, de Norvins, du Mont-Cenis,
saint Eleuthère. On revenait toujours à la
place du Tertre ; et l'on s'asseyait à la ter-
rasse de Spihlmann.

On avait fait comme l'inspection de *notre*
quartier, de *son* quartier plutôt ; et Utrillo
me posait toujours des questions d'enfant ;
ou, si une idée baroque l'obsédait, tourbil-
lonnante, agaçante, il se laissait prendre
par elle, tout entier, pas autrement doulou-
reux ; non, plutôt, comme s'il eût voulu
me voir, moi aussi, tout pris par elle, me

débattant dans ses mailles, dans son absurdité de chose assurément tout à fait puérile !...

Que de fois, d'autre part, paraissant se régaler d'un plat que je lui faisais servir, il répétait : « C'est fameux ! c'est fameux ! » — mais, au fond, se régalait-il tant que cela ? Même en buvant, il était *ailleurs*, distrait ; et, pourtant, si je lui adressais une question au sujet de l'une de ses toiles, vite, il me répondait, sans hésitation, sans erreur de date ou de lieu. Son cerveau, que les hommes avaient tant secoué, tant battu, restait lucide à jeun, gardait une insolite mémoire, un souvenir presque miraculeux des choses.

Je me rends compte maintenant que, docile, Utrillo me suivait, peut-être, souvent, à son corps défendant, à travers Montmartre. Je devais lui apparaître comme un bon parent, un peu trouble-fête avec ma manie de l'empêcher de boire. C'est que si je ressemble, dit-on, à Tibère, comme l'affirme le perspicace Jean de la Hire, je fus autrefois trop *Biberius*, à coup sûr ; et quand je songe à ce que mon estomac a pu supporter, le pauvre ! je suis féroce pour protéger les estomacs de ceux que j'aime ; — et, de quelle charité, je ne sauvegarde pas Utrillo !...

Je devais l'emmener, par exemple, trop fréquemment, au pied du Sacré-Cœur ; — promenade du mail des gens du quartier, halte de touristes, station de l'agence Cook, — où je lui rabâchais :

— Regarde ce vaste panorama de Paris ! Il est à toi ! Toi, seul, tu as su dégager la Ville, comme d'un immense fond d'océan. Les clochers, les dômes, les hautes cheminées d'usines, tu as su silhouetter tout cela sous ton habituel et vaste ciel gris-bleu, où de légers nuages se déchirent, s'étirent comme des suaires...

M'entendait-il toujours ? Il regardait ; et, de ses yeux fixes, il paraissait suivre une lointaine idée. Alors, je le reprenais — et je l'emmenais. Un jour, comme nous arrivions devant chez Bouscarat, il me dit, l'air goguenard :

— Saviez-vous que saint Rustique et saint Eleuthère furent suppliciés au mont de Mercure, devenu Mont des Martyrs ou Montmartre ? La vigne cultivée ici produisait un vin aux qualités diurétiques. On répétait partout :

C'est du vin de Montmartre,

Qui en boit pinte en pisse quatre.

Et il se mit à sourire du coin de l'œil !...

Il eût fallu être de pierre pour ne pas comprendre. Alors, nous entrâmes dans ce cher bistro : *Au sommet de la Capitale*, où nous avions, certain soir, savouré le plus fin

et le plus étonnant civet de lièvre, jamais
retrouvé depuis dans les cuisines pari-
siennes. Oui, vous rappelez-vous, ce plat,
ô vous tous et vous toutes, Mauricia de
Thiers, Suzanne Valadon, André Utter et
les autres camarades ? C'était un dimanche
de fin d'été, plein de soleil, de sueur
humaine, de poussière et d'odeurs de cui-
sine. On risquait de rester dans les joints
ouverts des pavés, tellement on était las,
— toute la journée courue à des jeux dans
les terrains vagues de ce temps-là ! — et
nous tombâmes sur des chaises installées
pour nous sur la petite place Saint-Pierre.
Ce qu'on peut boire, nous le bûmes, comme
des mangeurs de morue sèche ; puis, le bon
traiteur — un gros homme à la figure fortement grêlée — nous l'avait apporté, en
souriant, le savoureux civet, au fumet des
chasseresses de Diane ; et, quel régal, quelle
joie de vivre, quel enchantement, quelle

ivresse du palais et du nez, — en arrosant
tout cela d'un vin de Pommard peut-être,
lui, un peu moins sûr ! Et la nuit tombait,
si lente, si bleue ; et tous, et toutes, nous
tenions le coup, bandés pour manger et
boire, toujours, toujours !...

Chose inconcevable ! Comment ce maître-
queux grêlé était-il, fort de cette science,
venu se retirer là ? Goût d'indépendance,
nature même de bohémien, que sais-je ? Il
est certain que le bougre ne devait pas être
le premier venu, car il disparaissait fréquemment, trois ou quatre jours, se mo-
quant des dates d'ouverture ou de ferme-
ture de la chasse et de la pêche, comme un
chien d'un cent d'huîtres ; et, quand il
reparaissait — vous pensez si, depuis le
soir du civet, nous fûmes ses hôtes fidèles !
— il nous en rapportait de ces fines gueu-
lardises qui enchantent et prolongent la
vie !...

AGILE
Maurice Valadon.
Pour Margot, Louise

A Montmartre, dans ce moment-là, Utrillo m'imposait ses habitudes, celle-ci, par exemple : prendre le vermouth gommé chez Spihlmann et le café-crème chez Bouscarat. Ça l'amusait, me disait-il, d'être bien « avec l'un et l'autre aubergiste ». Les « petits verres », cela comptait moins ; il les prenait partout ; il descendait même pour cela dans Paris ; mais le vermouth gommé et le café-crème, c'étaient pour lui des principes inflexibles, qui s'élevaient à la hauteur des dogmes, comptaient comme de péremptoires hommages à deux divinités installées de part et d'autre chez ces deux traiteurs de la Butte.

Cela avait du bon : c'était comme deux repos — bien déterminés — dans notre vie orageuse à tous les deux !... Notre vie orageuse ! Je ne peux m'empêcher de sourire en écrivant cela. Notre vie orageuse ! Ah ! oui, qu'est-ce que c'était que ma vie, — ma pauvre petite vie à peine secouée, à peine agitée, — quand je pensais seulement une minute à la vie d'épouvante et de sinistres aventures que vivait Utrillo ; véritable « bateau ivre », que ballottaient, que retournaient, que fracassaient tous les tourbillons des plus mugissants et des plus redoutables Maelströms ? Après boire, il tombait de rixes en rixes, de fureurs en fureurs ; des foules hurlantes le poursuivaient ; on finissait de l'assommer dans les postes de police; et on le bouclait dans des asiles. Ah ! oui, quelle pauvre figure de bourgeois timoré je faisais à côté de tout cela !...

Et puis, moi, j'aimais Montmartre en fête ; lui, Utrillo, il voulait, au contraire, Montmartre dans toute son intimité, dans toute sa solitude de village, dominant la Ville. Alors, il pouvait rôder par les rues, sans être trop interpellé; et je le surprenais souvent, très grave, regardant le ta-

bleau *à faire* ; puis il repartait, fonçant
dans le vide, les mains dans les poches, —
ses poches où il mettait de tout, des ciga-
rettes, du pain, des moules fraîches, des
flacons de spiritueux, des oranges, de tout,
je le répète, selon le hasard et selon la saison. Mais une question se pose alors tout de
suite ? Pour boire, il vendait ses toiles... A
qui ? Voilà ce que le chapitre suivant va
vous raconter.

*petite histoire du père
Soulié et des marchands
de « l'Abbaye ».*

En ce temps-là, en l'an IV de l'hégire, —
non ! plus simplement autour des années
1903-1904-1905, etc..., vivait gaillardement,
dans le haut de la rue des Martyrs, vis-à-vis
du cirque Medrano, un brave homme qui
s'appelait Soulié.

Nous disions, nous, *le père Soulié*. C'était
un beau reste de luron, ancien lutteur, très
rouge, petite moustache, très fourni en
cheveux crépus, frisés, qui portait tête nue
par tous les temps et blouse blanche.

Il avait tenu commerce de literie : lits-
cage et matelas. Mais ayant, un jour, donné
un matelas, en échange d'une toile, à un
rapin dans l'embarras, il avait, du coup,

ouvert toutes ses veines au virus du « tableau » ; et le mal s'était développé si vite que le magasin de literie était devenu un débarras de toiles, petites, moyennes ou grandes, apportées là par tous les rapins de la Butte.

Et tous les jours, c'étaient de nouvelles peintures ou aquarelles que le père Soulié ne refusait jamais, d'ailleurs, et qu'il payait de 25 centimes à quelques francs. Très généreux, pour sceller le marché, il offrait souvent un verre et quelquefois même à déjeuner, chez le père Pabot, le bistro qui touchait à sa boutique.

Quel curieux homme, ce bon père Soulié ! Veuf et vivant entièrement à sa guise, il se laissa ainsi sans contrainte *manger, dévorer* par le tableau. Celui-ci, se multipliant sous toutes les formes et sous toutes les espèces, le premier commerce dut bientôt céder la place aux toiles qui s'étalèrent, s'en-

tassèrent, présomptueuses et triomphantes,
sur tous les lits, *sous* tous les lits, sur tous
les matelas, — si bien qu'un jour personne
au monde ne se jugea capable de traverser
ces Alpes, ces Pyrénées de croûtes huilées.
Bien mieux, un premier tableau, un matin,
se mit à gravir peureusement — et presque
étouffé par les autres — le petit escalier
qui conduisait à la chambre à coucher du
père Soulié, au premier étage ; et ce premier tableau, suivi d'un second, d'un troi-
sième, d'un centième, de mille autres, tous
encombrèrent si bien la chambre et le lit de
repos, le vrai lit où enfin le père Soulié
échappait à ses cauchemars picturaux, que,
vaincu, fourbu, mais enchanté au fond, le
père Soulié ne pouvant plus atteindre son
lit, qu'il apercevait là-bas affaissé, ployé en
deux, sous un amas de toiles, dut aller coucher à l'hôtel...

Mais, le soir, s'étant attardé à une ma-

nille chez Pabot, avec des artistes de Medrano, il arrivait au père Soulié de s'en
aller en oubliant de fermer sa boutique ;
et les toiles passaient la nuit, à la merci du
premier venu, et copieusement arrosées
surtout, au petit jour, par tous les chiens
du quartier.

Soulié ne tenait aucune comptabilité de
toutes ses richesses. Aussi bien, son grand
homme, c'était Manet. Il croyait toujours
qu'il avait acheté un Manet. L'homme qu'il
consultait, dans les cas épineux, c'était le
peintre Giran-Max, dont la gaîté, la bonne
humeur et la « science technique », comme
il disait, le fascinaient. A tout propos, il
interrogeait Giran, hôte habituel de cette
galerie populaire : « — Ah ! cette fois, je
crois que j'ai acheté un Manet ! voyez ! »
Le Manet, c'était un douanier Rousseau ou
un tableau de Guirand de Scevola ! Cepen-
dant, comme tout arrive, Giran trouva un

jour chez le père Soulié un authentique
Renoir, apporté là avec son numéro du Salon. Prix payé : 40 francs. Giran le vendit
quelques jours après à Crumbach, le marchand de tableaux, rue Laffitte.

Comme tous les petits amateurs, qui ne
râclent que des fonds de poubelle, Soulié,
lors de ses plus « importants » achats, ne
citait que des noms célèbres : Goya, Murillo,
Rubens, etc. Giran se faisait des pintes de
bon sang en écoutant son ami. Tellement de mégalomanie le réjouissait ! Soulié, d'ailleurs, se divertissait, tout le premier, de ses fantaisistes attributions.

Il avait des clients fidèles. Le plus insigne
fut, sans conteste, feu de Chaudesaigues de
Tarrieux, chef du mouvement des titres à
la Cie P.L.M. Ce fanatique avait loué tout
un atelier rue d'Amsterdam, à côté de l'ancien atelier de Manet, pour y loger les mil-

liers de « croûtes » qu'on lui apportait, même dans son bureau.

Tout un monde pittoresque, experts du marché aux puces, restaurateurs « à la noix », courtiers véhiculeurs de punaises, gravitait autour du père Soulié. Mais Buisson, dit Fragonard, petit homme maigre, crasseux, était, lui, le vrai « fondé de pouvoir » de Soulié. Il tenait souvent la boutique ; il achetait des lots de toiles pour des sommes variant de trois à sept francs. Un sieur Vincent devint également l'associé de Soulié ; mais, trop poivrot, il ne quittait pas les bistros ou il entraînait Soulié à faire des parties de billard dans les cours de danse et les gymnases du boulevard Rochechouart. Il creva, un jour, de boisson. Désolé, le cœur meurtri, Soulié put heureusement se rejeter tout de suite sur le père Boucot. Celui-ci était un peintre fervent de nos désastres de 1870-1871. Son rêve, c'était de représenter, pour l'Hôtel-de-Ville de Paris, un fait immortel de notre défense durant cette guerre, comme une *prise de drapeau*, une *arrestation d'officier espion*, un *convoi incendié*, etc. etc. En attendant cette heure mémorable, le père Boucot entassait, lui aussi, à Bicêtre, sous un hangar, des pyramides de toiles. C'était surtout un brocanteur, si Soulié était un « marchand ». Vrai type de la rue, on voyait partout, dans Montmartre, le père Boucot circuler avec sa petite voiture — et gueulant, tant qu'il pouvait : « Avez-vous des cadres, des peintures à vendre ? » Quand Soulié trépassa à l'hôpital de Lariboisière, ce fut Boucot qui acheta en bloc le fonds Soulié ; et le tout partit pour Bicêtre, où finirent, Dieu sait en quelles mains ! tous ces pauvres « navets » de tant d'impuissants — et de bonnes toiles aussi de peintres aujourd'hui cités.

Picasso, Van Dongen, Henri-Rousseau, vendirent des tableaux à Soulié. Utrillo fut un des derniers « fournisseurs » ; mais quel fournisseur dès qu'il connut le chemin de la « galerie » ! Les quarante sous légendaires et un verre chez Pabot. Pour cela, Utrillo eût peint tous les quais de Paris, tous les paysages de Pierrefitte-Montmagny, ses ordinaires sujets de ce temps-là, peints solidement, d'ailleurs, comme des Pissarro.

Un autre acheteur de tableaux d'Utrillo fut ce marchand en plein air, campé le long de l'*Abbaye de Thélème*, comme à l'entrée d'une pampa. Marchand encore vivant et bien vivant, dont le nom : Ragueneau n'évoque point, peut-être, la sèche colichemarde de Cyrano, mais fait bien penser à la broche ardente qui pique les juteuses volailles. Je sais, je sais, notre homme ne tire point l'épée ; mais il brandit le pistolet comme un défi ; et il fit de

sensationnels débuts aux Folies-Bergère,
à Medrano, accompagné de Miss Jessie, sa
femme. Hier rival d'Ira Payne, cassant
des pipes, des œufs, à d'invraisemblables
distances, entre vos dents, sur des gueules
de chien, pif ! paf ! Hier, costumé en Mexi-
cain, large sombrero, foulard rouge, cein-
ture rouge, éperons à molettes largement
étoilées, chemise pleinement échancrée et
culotte basanée à peau de mouton, — le
voici, aujourd'hui, résigné, rongeant son
frein, ne pensant toujours qu'au pistolet, ne
rêvant qu'engagements, pif ! paf ! la gloire,
les ah ! de satisfaction, de surprise des
spectateurs, bougies éteintes à cent pas, noir
de cible troué et retroué ; pauvre capitaine
de fougueuses randonnées, ne pouvant
même pas jouer du cor de chasse, son autre
passion, obligé de se taire, de se gonfler de
colère, tout enflammé qu'on l'empêche de
chevaucher le mustang dans les plaines des

places Pigalle et dans les squares d'Anvers !
Ah ! *sic transit gloria mundi !*

Mais, il les aime, les tableaux d'Utrillo.
Quand l'un d'eux lui tombe sous la main,
il le défend, il le loue, c'est le cas de le dire,
le pistolet au poing ; et dites un mot fâ-
cheux, il vous coupera d'un seul coup, pif !
le lobe de l'oreille, — tandis que vous ga-
gnerez en courant le tramway Bastille-Tro-
cadéro !

Aussi bien qui n'a pas vendu des tableaux
d'Utrillo ? A un moment, il y en eut partout, dans toutes les boutiques rive gauche
et rive droite ; chez les bistros, chez les
boulangers, comme chez les brocanteurs.
On en vit dans les autobus, aux objets trou-
vés, à la foire à la ferraille, sous les ponts,
chez les concierges, même chez les marchands de tableaux. Aussi, ne vous étonnez
point d'en voir chez tous les amateurs mâles
et femelles. Qui n'a pas un ou plusieurs

AUX LILAS DE ROMAINVILLE
RESTAURANT
VINS
ET
LIQUEURS
BAL
Maurice Utrillo, V,
1923,

Utrillo, authentiques ou apocryphes, surtout apocryphes ? Tout le monde peut peindre un mur blanc, un coin bleu de ciel, un
arbre décharné ; on a peint cela sur un
carton, une feuille de zinc, un bout de
planche ; on signe : *Maurice Utrillo,* quelquefois *Maurice Utrillo-Valadon ;* et voilà
un *Utrillo !* Dieu, n'est-ce pas, reconnaîtra
les siens ?

Pauvre Maurice ! Pendant tout un temps,
il ne s'est pas douté, assurément, qu'il produisait tant. Je me souviens d'avoir vu des
tableaux à lui attribués, ficelés comme des
cervelas et pendus à des plafonds de boutique. Maintenant, sans doute, un peu plus
de prudence règne, de la part des faussaires;
mais on ne peut fermement répondre de
rien, sans avoir vu. Lui-même, Maurice,
combien a-t-il signé de ces méchants cartons, même faux, pour boire ? De sorte qu'à
l'heure actuelle, c'est une vraie pagaïe qui

constitue l'ensemble, les authentiques ou les faux que l'on met sous son nom. Sans doute, il y a de ces cartons bêtement apocryphes que collectionnent surtout, je ne sais pourquoi, les commissaires de police, les acteurs et les auteurs dramatiques ; sans doute, il y a de ces ordures qu'on balaye de loin ; mais, mais, quelquefois, le carton n'est pas mal venu, offre des parties plaisantes, vous fait dire : *peut-être !* — alors qu'un bel Utrillo est vraiment inimitable, même pour un peintre habile et savant en procédés. Alors, si l'on vous trompe tout à fait, tant pis pour vous, c'est que vous êtes un daim, un ridicule étourneau, — et, ainsi, bon à être jeté dans la fosse réservée aux amateurs dans le royaume des cieux !...

*Utrillo a des marchands
en « galerie ».*

Mais Utrillo eut aussi ses marchands en
« galerie » ; de la Rue, il passa ainsi au
Salon !

J'esquisserai ici les portraits de deux de
ces marchands, aujourd'hui trépassés, qui
méritent, toutefois, de vivre encore dans la
mémoire de quelques-uns de ces hannetons
qu'on appelle amateurs.

L'un de ces marchands se nommait Sagot ; l'autre, Libaude. Le premier était
court, sec, à pomme d'Adam très déve-
loppée ; on le surnommait *la tortue*, parce
que, toutes les minutes, il faisait rentrer et
ressortir son cartilage thyroïde ; le second
était un bec de gaz sans lumière et entouré

d'un drap noir. Le premier était jovial ; le second, funèbre. Tous deux, ils avaient eu des malheurs ; mais si le premier tâchait de les oublier, — le second, les enroulait autour de sa sèche épine, comme d'un suaire.

Le marchand Sagot ânonnait des puérilités miséricordieuses ; le marchand Libaude distillait des vagues de fiel dans sa cage thoracique étroite.

Sagot avait tenu galerie dans le passage des Princes ; puis, il s'était installé rue Laffitte. Libaude gardait un atelier au rez-de-chaussée, sur l'avenue Trudaine. Tous deux, chacun chez soi, se morfondaient, en somme, en attendant le client.

En ce temps-là, l'individu, mâle ou femelle, qui achetait des toiles, était plutôt rare. Il fallait la croix et la bannière pour le décider à ouvrir sa bourse. J'avoue qu'à cette époque-là, comme aujourd'hui, on

lui montrait généralement de hideuses choses à ce misérable client ; on le soumettait
à la torture en l'obligeant à choisir dans des
barbouillages de paralytique général.

Mais Dieu est bon ! Quand Sagot s'en-
nuyait trop, il faisait, en se servant de cartes,
des réussites ; et Libaude, pour affermir son
énergie, s'illuminait d'un spiritisme éche-
velé.

Les premières finissaient toujours par
réussir ; et les esprits accouraient en nombre au moindre appel caverneux de Libaude :

— Belzébuth, Onagrius, Pamplemous-
sius, Ojardias, disait-il, faites que me viennent voir les notoires amateurs : Groult, le
marchand de vermicelle ; Apire, le marchand de conserves; Beurdeley, le marchand
de cartes postales; Duponceau, le marchand
de tapis ; faites qu'ils viennent choisir dans

ma collection de jeunes tableaux, mes Laurencin, mes Lebasque, mes Matisse, mes Utrillo !

Et un bâton de soufre brûlait, agréable au Très-Bas, à l'Intendant des somptueux péchés, au Grand-Valet Jaune-Vermillon.

Cette fois-là, les nobles amateurs susnommés ne se dérangèrent point ; mais un jeune homme aux cheveux roux apparut — regarda, poussa un cri de stupeur en considérant les cartons d'Utrillo — et jura qu'il reviendrait *avec du nouveau !...*

Il revint, en effet ; et le *nouveau,* c'était Octave Mirbeau.

Libaude dressa des cartons d'Utrillo tout autour d'une vaste salle.

— Hein ? maître, vous ai-je trompé ? dit le jeune homme aux cheveux roux (c'était Francis Jourdain).

— Non ! Francis, répondit Mirbeau ; c'est magnifique !

— Hein, maître ? Les a-t-il peintes de première manière, lui, Utrillo, les boutiques que j'ai tant voulu représenter ? Que dites-vous de toute cette couleur originale ! Ah ! les vieux murs, les vieux plâtras, le vieux Montmartre, tout ce qu'il en a fait ? Est-ce plein de charité, de tendresse ?

— Oui, mon cher Francis, dit Mirbeau.

Et le grand impulsif, le grand enthousiaste, le grand emballé s'emballa.

— Oui, s'écria-t-il. C'est autrement plus émouvant que du Raffaëlli ! C'est plus direct, c'est plus sauvage, c'est plus éloquent dans un petit métier. Personne ne rend, comme cet Utrillo, la dolente souffrance, l'éternelle résignation des choses ! Tout ce Montmartre me devient, par votre peintre, d'une originalité infinie. Personne, oui, personne n'a peint comme lui la rue, les petites boutiques, les hôtels humbles, les arbres grêles. Et ces ciels — ajouta Mirbeau, en venant les toucher de la main, *maternellement*, — sont-ils vastes, doux, profonds, cléments et consolants !

Libaude, ce jour-là, rayonna. Il ne regretta ni Groult, ni Apire, ni Beurdeley, ni Duponceau. Il supputa, tout de suite, ce que Mirbeau, très écouté, allait lui rapporter ; d'autant plus que l'emballé continuait :

— Oui, *ils* mé font suer tous les officiels de tous les pays, avec leur Van der Meer ; avec leurs émois pathétiques, leur sueur de saisissement, devant les Van Goyen et tous leurs comptables de petites briques, de volets divisés ; c'est découpé, compté, dosé, — c'est froid, c'est parfait de peinture, ce sont des chefs-d'œuvre, peut-être ; mais, à coup sûr, des chefs-d'œuvre rudement ennuyeux; tandis que cet Utrillo, surveillé parfois, ivrogne toujours, m'avez-vous dit, quel prodige, quel phénomène ! Si quelqu'un a l'air d'être équilibré, lucide, raisonnable

toujours, *toujours*, vous entendez, c'est bien
lui, c'est bien Utrillo. Rien n'est de travers,
bancroche, estropié, dans toute son œuvre.
Oui, toute cette œuvre est géométrique ou
du moins tout en elle est d'apparence géométrique, assez pour qu'elle ne soit pas
assommante à son tour. Mais ce sont les
autres peintres, les plus sages même, qui
paraissent désaxés à côté d'Utrillo, qui sem-
blent être déséquilibrés !... Nom d'un chien !
mon cher Francis, vous avez mis la main
sur l'oiseau rare !

Et ayant choisi un tableau, Mirbeau vou-
lut le régler immédiatement ; et il s'en alla
en claquant la porte, — devenu soudaine-
ment tout pâle.

— Zut ! dit Mirbeau, dans la rue, ma
parole, j'ai cru que j'allais pleurer ! Ah !
c'est bon de respirer !...

Le récit de cette scène fit le tour de Paris.
A dater de ce jour, le père Sagot, vexé,

exposa, rue Laffitte, dans une de ses vitri-
nes, chaque jour, un nouveau tableau de
Maurice Utrillo.

Ce qu'on put voir, c'est inconcevable. Une
variété de sentiments ; un choix innombra-
ble de nuances. Par les autres peintres,
tout est bientôt dit, ressassé ! Ah ! les bou-
gres, ils savent ménager leur tension arté-
rielle et la capacité d'entendement de leurs
amateurs. Un tableau de chacun d'eux et les
amateurs ont presque tout l'ensemble de
l'œuvre. Côté Utrillo : chaque fois, un spec-
tacle inédit.

Quant à moi, je me souviens toujours —
avec quelle force ! — du temps, de l'heureux temps où Utrillo ne travaillait que
pour moi. Là-haut, sur la Butte, en pleine
guerre, j'attendais, de ce moine singulier
enfermé dans sa cellule, les seules minutes
d'apaisement des hideux carnages humains.
Verdun, les charniers, les faces de massa-

cre ; tout le sang, toute la mort, toute la
puanteur des abattoirs, tous les cris, toute
l'horreur de ces déments poussés les uns
contre les autres par les bouchers d'Empire
ou de République ; j'oubliais tout cela, un
moment, en contemplant un nouveau tableau d'Utrillo. Vue d'une petite église blanche ; espoir en de moins sauvages lende-
mains ; la guerre enfin morte, écrasée sous
tant de cadavres ; je ne sais d'où me venait
cette courte accalmie ?... Je ne veux pas
encore l'analyser, de peur de me reprocher
tant de choses que j'aurais dû, malgré l'âge,
partager avec les autres...

plaisirs de Montmartre.

Par la douce nuit étoilée, on entend le
jazz-band de Frédéric, qui, à lui seul, dans
son auberge du *Lapin agile,* fait tapage. Nul
coin, de toute la Butte, n'est plus gai, plus
attirant. Grâce à Aristide Bruant, à qui
appartient la cocasse petite maison, les démolisseurs, les constructeurs ne touche-
ront pas de sitôt à la bonne auberge, oubliée
là angle rue des Saules et rue Saint-Vincent.
Elle est peinte, elle est saumonnée, elle a
ses tables de bois, elle a ses bancs ; et Frédéric, le héros barbu et chevelu de la Cala-
bre, s'accompagnant de la guitare, la chante,
la chanson de *Ma femme elle est morte !*
la complainte qui veut que l'on boive pour
oublier ! Et l'on boit, et l'on s'amuse ; on

5

a vingt ans, on a quarante ans ; et, n'est-ce-
pas, Frédéric, ténor à la bonne gueule tru-
culente, ermite qui a foutu le camp de sa
cellule, il faut boire, boire, toujours ; *il
faut boi-oi-re !...*

Que d'étés j'ai passés là, en la compagnie
de Princet, expert-comptable et poète magnifique, — de Raoul Alexandre, le secré-
taire du grand Jaurès, — de Max Jacob, qui
lisait l'avenir dans nos mains, — de Callé,
ancien clerc de notaire et aujourd'hui propriétaire de l'hôtel de l'*Œuf dur*, à Saint-
Cyr-sur-Morin, — de Gabriel Fabre, le com-
positeur, — de Marcel Arnac, roi des cari-
caturistes, — de tant, de tant d'autres, dont
les noms sont maintenant dorés et fastueux :
Picasso, Van Dongen et Zuloaga !

Et que de jolies filles, de femmes tendres,
au milieu de nous tous ! Elles venaient surtout très nombreuses pour la soupe au pois-
son des vendredis ; et Frédéric, se souve-

nant qu'il avait été marchand de poissons,
sur la Butte, nous régalait ces soirs-là de ce
mets digne des dieux. Puis, un verre de
Mercurey était offert aux convives ; et je
vous assure que le tout valait bien les quarante sous fixés par Berthe, la charitable
compagne de Frédéric. Heureux temps, où
êtes-vous ? ou êtes-vous ?...

Brave homme, Frédéric n'est pas de ceux
qui font boire Utrillo pour avoir une toile.
Aussi, on ne voit pas souvent Utrillo au
Lapin agile. Quand il est là, c'est que, la
plupart du temps, on l'y a conduit — et installé devant une bouteille de bière. Alors,
après avoir rêvassé, les yeux loin, il sort de
sa poche des bouts de papier et un invrai-
semblable crayon ; et il se met à esquisser
des projets de tableaux, avec une rapidité
étonnante, une totale entente de la mise en
page. Et l'air toujours si sérieux, si grave...
Ma femme, elle est morte ! dont tu te gar-

garises avec entrain, mon cher Frédéric, cela, va, n'a aucun sens pour Maurice ! mais ta guitare frémit, les cordes vibrent, ta chevelure s'électrise ; et, dans la nuit, par la porte entr'ouverte, nous entendons, nous, le glas des buveurs, le cri de détresse de la complainte, l'appel de l'alcool, de l'oubli, l'angoisse de la pauvre chose détachée de nous : « *Ma femme, elle est mo-o-o-r-te !.. »*

Feu Adèle, en sa gaie baraque de planches, ne donnait point, elle aussi, tant à boire à Utrillo. Il avait beau répéter : « Madame Adèle, vous savez, tous vos sirops me tournent le cœur ! » Adèle, amie de Suzanne Valadon, ne cédait point. Alors, Maurice revenait toujours à ceci : « Mais les autres peuvent boire tant qu'ils veulent, se soûler ; moi, pas... pourquoi ? » Et ce sont encore les termes de la question que se pose toujours Utrillo, quand il n'est point en train de travailler. Oui, mais les autres, la plupart

du temps, se taisent quand ils sont ivres ;
lui, Maurice, il faut qu'il tapage ou qu'il
amasse les foules.

Aussi bien, parmi les bistros de Montmartre, ceux qu'aima le plus Utrillo, ce furent celui du père Gay (ancien flic) et celui de Mme Varie Visier à l'enseigne de *La belle Gabrielle*.

Le père Gay pourrait écrire une pittoresque histoire de Maurice. Tiret-Bognet, le louable dessinateur des soldats du Ier Empire, et invétéré Montmartrois, serait encore, soit dit en passant, un des plus sûrs historiographes de la vie d'Utrillo.

Le père Gay s'est même mis à peindre « à l'instar du grand peintre de la Butte », comme il dit. Il peint sur verre des petites boutiques, des petites rues autour du Sacré-Cœur ; et, partout où il va, il expose des tableaux d'Utrillo, des gouaches, toiles et cartons. Installé quelques mois dans la rue

Rochechouart, on put voir, dans sa boutique, d'un côté de la porte, des poulets de toutes les espèces, plumés ou à plumer, rôtis ou à rôtir ; — et, de l'autre côté de la porte, des « œuvres de l'ami Maurice ». Le père Gay est allé jusqu'à rédiger très sérieusement des contrats sur papier timbré (*sic*), pour se réserver à lui-même la « première vue » — et, d'autres fois, « tout l'ensemble de ces tableaux qu'il aime ».

A la belle Gabrielle, Maurice fut plus assidu encore ; mais, là, un rival lui fit vivre des heures noires. Ce rival, c'était Dépaquit. L'hôtesse préférait Dépaquit et cela enrageait Utrillo.

Dépaquit ! Ah ! la fantaisie même ! la fantaisie, je l'avoue, la plus hilarante, la plus décervelée, la plus cocasse, la plus inattendue, la plus foncière qui fût ! Et la fantaisie dans tout. Dans l'homme, dans le vêtement, dans le logement, dans la manière de vivre, dans le dessin enfin.

Dépaquit, aujourd'hui mort, c'est un fleuron à jamais détruit de la couronne de folie de Montmartre. Brave garçon acceptant toutes les méchancetés d'une dure vie, — combien je regrette Dépaquit ! — Dépaquit, qui n'eût pas échangé le royaume d'Angleterre contre le locatis où il gîtait. Où gîtait-il, d'ailleurs ? où gîta-t-il, pour mieux dire ? Personne ne le sut jamais, exactement. On le voyait passer, on l'appelait, on lui offrait un verre, il disparaissait ; et, souvent, on l'eût cru mort, sans le petit dessin qu'il réussissait parfois à faire passer dans un journal. Et justement, c'était à ce petit dessin, de temps en temps publié, que Maurice attribuait la meilleure emprise de Dépaquit sur les charmes de l'hôtesse de la *belle Gabrielle* ; aussi, devant moi, maintes fois, se désespéra-t-il de n'avoir pas un dessin de lui publié par un journal à gros tirage.

Il me répétait :

— On n'est pas consacré, n'est-ce pas, tant qu'on n'a pas fait paraître un dessin dans le *Journal ?*

— Cela n'a aucune importance, Maurice.

— Oui, mais tout le monde en parle !

— Mais non, pas plus qu'on ne s'arrête aux proses franco-suisses de M. Binet-Valmer !

— Tenez ! on devrait donner des grades aux peintres !

— Mais on ne fait que cela, mon cher Maurice.

— Je sais bien !... mais je veux dire, moi, des galons qu'on porterait sur la manche !...

Et Utrillo se met à sourire carrément ; et il continue :

— Comme ça, on verrait tout de suite à qui l'on a à faire, dans la rue.

— Évidemment !

Et, comme cette idée d'Utrillo me fait plus copieusement rire, Utrillo reprend :

— Moi, à vos yeux, qu'est-ce que je serais ? Sergent, peut-être ?

— Maréchal, maréchal de France ! mon cher Maurice. Et presque tous les autres peintres, si l'on en excepte une dizaine, te devraient les marques de respect que la discipline la plus inexorable impose à tous les militaires !...

Il a, comme ça, des idées cocasses en foule, Utrillo ; mais il faut se méfier parfois en sa compagnie. C'est un abondant mystificateur. Quand il est à jeun, il tâte son interlocuteur ; il a l'air de le sonder ; il lui ferait peut-être dire avec joie des bêtises — ou du moins des sornettes. Cela, à bien dire, c'est une idée que je me fais sur lui ; après tout est-elle bien valable ? C'est son air pince-sans-rire qu'il a, naturellement, qui me fait avancer qu'il ne faut pas, avec Utrillo se laisser complètement aller ; il a sa grande part de raisonnement, — et elle est souvent redoutable.

Je me dis que son excessive timidité l'empêche bien des fois de tenir des propos solides ; — comme cette même timidité l'empêche peut-être de se mêler aux autres hommes.

Ainsi, il a peur de venir avec nous au bal du Moulin de la Galette. S'il a peur d'être remarqué (que de fois ne m'a-t-il pas dit : « Vous ne trouvez pas mon pardessus trop criard ? » — il est noir ! — « et une martingale, cela se porte, oui ? » ; svelte, élancé, Utrillo la porte très bien !) — il craint aussi d'être bousculé, d'avoir à parler, à des hommes, surtout à des femmes ; et le tapage, manifestement, l'inquiète, l'énerve.

Ah ! certes, il a peint souvent ce bal

fameux, mais en tant que silhouette exté-
rieure. Si Renoir en a fait une incomparable
fête de couleurs, de jolies filles, d'entraî-
nantes musiques, d'abondantes lumières,
une fête de jeunesse, de rires et de baisers ;
— Utrillo, lui, n'a voulu peindre que l'entrée du bal, la carcasse du moulin, le désert
des choses quand il n'y a âme qui vive.
Renoir, c'est Ruggieri, c'est le plein du feu
d'artifice ; Utrillo, c'est le chiffonnier-car-
cassier qui passe après, qui ramasse dans
le noir, dans l'humilité, la misérable fin
des choses.

Au fond, des plaisirs de Montmartre, ce
sont les bistros qui accueillent le mieux
Utrillo. Là, chez eux, il n'est plus désem-
paré, apeuré. Il boit, et il s'isole ainsi peu à
peu, complètement, des autres hommes. Son
plus vif bonheur encore, c'est de rester dans
sa cellule, de boire du pinard et de griller
des pipettes. Le peintre enragé se trans-

forme aisément en un sage artisan qui ajoute une toile à une autre toile, — sans se demander pourquoi la Terre tourne. S'il s'échappe quelquefois, s'il « fait des fugues », soyez assuré que c'est à son corps défendant, qu'il y est poussé à grands coups par une fatalité déplorable ; il sait bien, il ne sait que trop bien qu'il a tout à redouter de la férocité des foules...

la grande cathédrale.

Utrillo vient de dessiner pour moi, sur une grande toile (50 P.), la *cathédrale de Bayonne*. Elle est là, devant mes yeux, toute tracée au crayon, d'une miraculeuse sagesse, d'une patience réfléchie tout à fait déconcertante.

De l'enchevêtrement des maisons, haute et souveraine, ses deux clochers pointus, la cathédrale surgit.

Même pour des yeux exercés, pas une ligne verticale n'oscille, pas une ligne ne s'en va en désordre vers son point perspectif. L'ensemble est rigoureusement mis en place par un extraordinaire dessinateur. Et, pour cette fascinante « réussite », Utrillo

s'est servi d'un compas déréglé, de règles,
d'équerres et d'un té invraisemblablement
usagés. Voilà un premier miracle !

A présent, Utrillo va peindre. Sa palette,
ses brosses, ses couleurs, *son* huile (qu'il
emploie avec largesse), tout cela se présente
comme cela est. Un jour, il a peint un merveilleux paysage en employant du ripolin.
Tout lui est bon.

Je l'arrête ; et je lui demande de me dire
succinctement l'histoire (pour quelques-uns)
des « manières » dont il usa pour peindre.
Mes questions l'ennuient visiblement ; mais,
pour sa gloire, il faut bien que je ren-
seigne *exactement* les amateurs, ces chères
« brutes hyperboréennes », comme les appelait Baudelaire.

— J'ai commencé, vers 1903, à peindre,
dit Maurice. Période de Pierrefitte-Montmagny — et aussi des quais de la Seine, à
Paris. Je ne quittais pas ma mère, quelques

fugues seulement, mais alors je ne travaillais pas. Période des peintures directement sur nature, empâtées. On a dit que j'étais à ce moment influencé par Pissarro. Rencontre fortuite, peut-être ; mais influence, non ! Je ne voyais pas de tableaux, en dehors de ceux de ma mère. Puis, j'ai pris une peinture plus lisse, je ne sais pas trop pourquoi, allez ! Car ma mère me laissait faire. C'est une bien trop grande artiste, Suzanne Valadon, pour ennuyer là-dessus quelqu'un, même son fils. Puis, j'ai voulu peindre en noir et en blanc ; mes murs n'étaient jamais assez blancs et mes arbres assez noirs. Une période barbare, n'est-ce pas, monsieur Coquiot ?

— Non, Maurice ! une éloquente, originale, émouvante manière !

— C'est avec cette manière-là que j'ai débuté dans les galeries, poursuit-il. M. Francis Jourdain m'avait fait inviter chez Druet.

Je n'ai pas continué cette manière-là, *abso-
lument,* parce que je m'étais fourré en tête
que le plâtre seul, du vrai plâtre, me don-
nerait des résultats merveilleux ; et ça craquait, ça craquait trop vite !...

— Et tes *vraies* herbes, ta *vraie* mousse,
Maurice ?

— Oui, j'étais bien alors déséquilibré,
n'est-ce pas ? J'avais une telle soif de vérité,
que je voulais coller de vraies choses sur
mes cartons : de l'herbe, des feuilles d'arbres, oui...

— Les panoplies d'avant le cubisme !

— Oui ! mais c'était absurde, hein ?

— Pourquoi, Maurice ? Au moins, toi, *tu
ne suivais pas !* Si Picasso a eu parfaite-
ment raison de se foutre des gens en col-
lant, à un moment, sur ses toiles, de vrais
bouts de journal, du sable, des cheveux, des
morceaux de bois, etc ; bien coupables et
bien imbéciles sont les innombrables hui-

liers qui ont suivi ce mouvement et pataugé dans de tels remous de loufoquerie. Toi, Maurice, tu eus cette chance de vivre en dehors de tous ces gens-là...

— Oh ! je voyais bien des toiles ici et là, en passant ; mais je ne m'attardais pas auprès de l'une d'elles ; je montrais ce que je faisais à M. Tiret-Bognet, un grand artiste, n'est-ce pas ? et puis, quand je croyais, moi, que c'était *bien*, je demandais : C'est bien Sisley, hein ? Pourquoi Sisley, je ne sais pas, je ne voyais rien de ce maître ; mais j'en avais entendu parler par ma mère ; et je répétais ce nom-là. Est-on bête quand on débute ?

— Le nom de Monet eût été peut-être plus indiqué !

— Oui, c'est vrai ! car j'encroûtais comme lui mes cathédrales, et cela de haut en bas...

— Mais les tiennes sont autrement gratinées, saurées ; il y a de l'émotion et une peinture en profondeur que le peintre de Giverny n'a jamais même soupçonnées. Tu n'as jamais été un « tapissier », toi, Maurice !

— Oh ! pour ça ! je laisse aller mon instinct. Quelquefois mes toiles ont une apparence de relief ; c'est que je viens, je reviens sur ma peinture ; seuls, mes ciels, je m'arrange pour qu'ils soient le plus possible limpides, transparents.

— Et ils le sont, mon bon Maurice !

— Vrai ?

— Vrai !

Et comme nous regardons tous deux la cathédrale crayonnée, Maurice me dit :

— Vous voyez *votre* cathédrale et les maisons autour ?

— Oui, Maurice.

— A présent, je vais passer de grands plans de couleur sur le tout ; je vais élever des murs, je vais faire le maçon ; puis je ferai le charpentier, le couvreur. C'est quand tout est bien en place, avec sa couleur générale, sa couleur de dessous, que je finis avec des détails...

— Et, toi, au moins, tu ne te perds pas, dis-je, dans tous ces détails !

— Je les aime ! Les grands murs blancs, ou gris, ou jaunes, ou rouges, ou roses, sont à trouer de portes et de fenêtres ; des toits sont à recouvrir de zinc ou de tuiles ; des volets, j'ai à en compter les fentes ; — car vous ne vous imaginez pas ce qu'ils sont utiles tous ces détails !...

Candide et savant Utrillo ! Je possède une autre grande toile de lui (50 P.) qui est le schéma de la rue de Crimée, dans le XIXᵉ arrondissement. Cette toile, je l'ai retirée des mains d'Utrillo — *avant les détails ;* — et c'est vraiment, ainsi, la physionomie d'une rue tout entière en construction, sur un terrain vague, bossué çà et là de tertres, hérissé ici et là d'arbres et de buissons. Telle qu'elle est cette toile, elle est très éloquente avec tous ses blancs divers, avec tant d'autres murs saumonnés, gris ou verdâtres ; et des buissons s'épaississent en taches intenses, font chanter les plâtres, bloquent le violent rouge de certaines façades...

Cette toile, eût-elle « gagné », avec des détails ? Peut-être ! En tous cas, elle me plaît ainsi, rue livrée jusqu'ici aux seuls terrassiers et aux seuls maçons, rue en naissance, rue en espoir de vivre, avec toutes ses larves d'héroïsmes, de lâchetés, de joies et de douleurs ; — importante artère de la vie de Paris que j'ai arrachée à l'œuvre d'Utrillo ; — et que je regrette quelquefois — le spectateur est ondoyant ! — de ne pas voir comme il eût pu si aisément la peindre : mouvementée, tumultueuse, farcie de boutiques et de ces bistros que Maurice Utrillo, magnanime, accorde toujours aux rues beaucoup plus que l'Etat lui-même !

De 1914 à 1918, pendant que les peuples fournissaient aux abattoirs humains des millions de jeunes existences, les produits des enfantements que les banquiers demandent sans répit aux mères, — Utrillo, ré-formé, réalisa un incomparable ensemble d'œuvres ; — ensemble très caractéristique, surtout, conservant toutes les fortes et fon-cières qualités des débuts, mais apportant, en outre, une sagesse accomplie, un style hautement personnel, un dessin et une cou-leur défiant toute hâte ; — apportant également des vertus telles que fécondité, humilité, ingénuité et diversité.

Et, tout d'un coup, l'œuvre monta à son plus haut période, atteignit les sommets avec ces toiles intitulées : *La petite église blanche* (ou *la petite communiante*), — *La*

cathédrale de Bayonne, — *Les arbres che-*
velus, — *L'église des Réprouvés*, — *Le clo-*
cher hanté, — *L'usine*, — *La rue de la*
Lune, — *La place du Tertre, matin du 14*
juillet, — *La caserne*, etc. Les toiles ou les
cartons de cette période restent sans précé-
dents, sans pareils. Lui-même, Utrillo, il a
dû, ensuite, sous le poids de ces chefs-d'œuvre, peu à peu glisser vers une vallée lui
offrant des paysages plus accessibles ; et,
sacrifiant davantage au pittoresque, aux
lieux communs parfois, ne rester lui-même
qu'à force de génie naturel et de science
infuse.

Aujourd'hui, depuis ce moment où les
massacres sont momentanément enchaînés,
— il nous présente des paysages plus colo-
rés, comme s'il ressentait, lui aussi, toute
la paix des tueries reculées. Son œuvre, à
présent, abonde en doux paysages de pierres, en verdures tendres ; et sa brosse, il

la trempe dans la couleur plus vive, dans les rouges, les verts, les bleus, les jaunes, très hardiment, très systématiquement. Est-ce une évolution brusque ? un saut déterminé vers autre chose ? Je ne le crois pas, moi, fermement ; moi, qui ai eu plus de cent-quatre-vingts tableaux ou toiles d'Utrillo, et qui ai manié souvent, dans ce nombre, des œuvres très colorées, disons même le mot, très « stridentes ».

Arrivons enfin à cet usage des cartes postales illustrées qui est, depuis longtemps, la principale ressource d'Utrillo, pour ses modèles de paysages de pierre ou de verdure ou des deux à la fois.

Utrillo utilise des cartes postales illustrées, — c'est exact ; et cela, quelques gens « au bons sens de travers » le lui reprochent, fougueusement.

D'abord, Utrillo a commencé par dessiner et peindre *d'après nature*, admirablement. Ses dessins *directs* (j'en possède un grand nombre) sont de superbes dessins, d'une originalité supérieure. Ils sont prestigieux, uniques ; on les chérit, comme on chérit ceux de Seurat, de Lautrec, de Modigliani, de Van Gogh, — hauts et puissants dessinateurs de notre temps. Vous pouvez me croire : ses dessins sont des « exemples » accomplis !

Ses peintures, *d'après nature,* ne sont pas moins attirantes. C'est un vrai régal de hardiesse, de témérité même et de science. Utrillo a tout su ce qu'il fallait savoir, tout de suite. Dès ses débuts, il a peint solidement et en profondeur. Je ne sais s'il a employé le charabia des « volumes », des « sonorités » et des « tons contrastés » ; mais il a mis en œuvre tout cela bien mieux que les raisonneurs du temps actuel. Sa peinture, à cette époque-là, est déjà sa

grande amie ; il en connaît tous les « dessous ».

Plus tard, Utrillo, ayant, chaque fois qu'il
sort seul, des histoires avec la police, — se
décide à peindre d'après des images... où est
le mal, l'intérêt moindre ? Delacroix, Cézanne, des centaines d'autres ont peint
souvent d'après des gravures, n'est-ce pas,
André Derain ? Lui, Utrillo, il s'en tient
aux cartes postales. Dans sa cellule (trois
mètres carrés de superficie — encombrés
d'un lit, d'un chevalet, d'une table, d'une
commode et d'un tabouret), — il lui faut
une chose facile à manier ; — la carte
postale répond à cela. La photographie,
qu'utilisent beaucoup d'autres peintres, n'est
pas d'un usage facile ; elle se roule, se déchire aisément... En quoi donc, la carte
postale est-elle répréhensible, condamnable,
hérétique ?... En se servant d'elle, on peut
réaliser aisément, dites-vous, un chef-d'œu-

vre dessiné ou peint ? Essayez donc, messieurs les premiers peintres venus... De tout cela, puérilités, sornettes, niaiseries. Passons !...

D'autres gens me demandent : — Mais, des « manières » d'Utrillo, laquelle préférez-vous ? »

Je ne sais pas, je ne sais vraiment pas !... J'attends toujours d'Utrillo un chef-d'œuvre. Si je suis déçu, je ne me jette pas la tête contre un mur. Demain, je serai satisfait, enthousiasmé. Il en est d'Utrillo comme de ces maîtresses qui ont des brusques retours d'amour, à vous casser les reins ; ou de ces pur sang qui, sages aujourd'hui et se laissant conduire par un enfant, vous obligent le lendemain à des prouesses d'équilibre et de pince. Avec Utrillo, on n'est jamais tranquille, jamais en repos absolu. Je vous le dis : toujours une surprise en deçà ou au-delà. Utrillo, peintre pour un système

nerveux développé ? Non pas ; il conduirait
tout droit à la neurasthénie aiguë. Peintre
pour personnes bien équilibrées, au contraire. C'est un peintre qui a été envoyé
par les Anges pour plaire à la foule. C'est
un aristocrate ; et il est populaire. Singulier
— et peut-être — unique exemple dans
l'histoire de la peinture !...

vacances.

Viennent les beaux jours et Suzanne Valadon et son mari André Utter se mettent en route, emmenant en vacances Utrillo. Le « barda » est copieux ; on a pris toutes ses précautions ; on a fait chez Coccoz, le bon marchand, l'ami des artistes, ample provision de toiles, de couleurs et de brosses. On a eu plus grands yeux qu'on n'aura grand ventre ; mais, peut-on se voir sans « provisions picturales » dans la steppe, dans la montagne ou dans la forêt, à bien des kilomètres de Paris ?...

Tous les ans, les trois peintres partent avec entrain. J'ai vu souvent le chien même être du voyage. Adieu à la rue Cortot, au

Sacré-Cœur, à toute la Butte, que je ne conçois pas, du reste, en temps ordinaire, sans toute la famille Valadon. Souvent, il m'est arrivé de la rencontrer ailleurs qu'à Montmartre, cette active Trinité ; mais, il se plaçait tout de suite, derrière eux, un décor de là-haut, fût-ce la petite église Saint-Pierre ou l'angle du restaurant Spihlmann.

Les vacances ! Il y a les gens qui vont toujours dans le même pays ; et ceux qui roulent de pays en pays. Les Valadon vont peut-être se fixer à présent dans le « domaine féodal » qu'ils viennent d'acheter, au bord de la Saône, dans le département de l'Ain ; mais, jusqu'à ce jour, ils furent d'alertes migrateurs, de fougueux globe-trotters.

Et, épris de sites dramatiques — la Butte est, en contraste, si intime, si pacifique ! — ils débutèrent bien en s'allant loger chez l'habitant dans Ouessant, l'île de terreur.

Pour y rester deux mois durant, il faut avoir
le cœur accroché par une triple chaîne —
et sentir tous ses autres organes en place,
bien en place. Car, cette île d'Ouessant, —
« Qui voit Ouessant, voit son sang ! » —
l'Heussantis-Enez des Bretons, est plutôt
cravachée, cinglée par les hurlantes vagues
qui, sans s'arrêter jamais, bondissent à l'as-
saut des puissantes roches cimentant toute
l'île, à l'exception d'un petit port de pêche
ouvert du côté de la haute mer. J'ai vu les
plus solides marins, des gars de granit,
trembler en fonçant dans les détroits de
Fromveur (ou du Grand-Effroi), du Four
ou des Pierres-Noires. Là, la lutte des élé-
ments et de l'homme devient féroce, sans
pitié. Souvent même, de lourds brouillards
ou de fulgurants orages ajoutent encore à
la terreur de la nuit et de l'eau. Les hurle-
ments du vent vous défoncent le crâne ; des
paquets de mer, de voraces tourbillons vous

jettent et vous rejettent dans des abîmes, vous entraînent dans le coin des Trépassés, dans l'horrible gouffre des druidesses de sang et d'épouvante !...

Si Utter put peindre là des masures blanches aux toits variés ; si Valadon — qui travaillerait dans la tempête — put rapporter de pathétiques toiles, Utrillo, lui, pour peindre efficacement, fut trop secoué, trop énervé par cette île — comme désertique, — sans un arbre, sans un buisson. Par bonheur, il s'amusa de faits puérils, de jeux d'auberge ; — et, jusqu'à la fin de son séjour dans la colère de l'eau, il se divertit de voir leur propriétaire, un ancien marin, qui trouvait plus simple, quand il voulait rentrer chez lui, au premier étage, d'utiliser une corde lisse plutôt que l'escalier.

La Corse, autre voyage de la tribu Valadon, fut, heureusement, plus douce pour Utrillo.

La Corse — l' « Ile de Beauté et de Lumière », — comme ils disent, les guides. « Pays des extrêmes et des contrastes. De la mer à la montagne, de la montagne à la forêt, de la forêt aux vallons tourmentés, aux torrents tumultueux, aux chaos de roches de porphyre, aux maquis parfumés, que de sensations exquises ! » ajoutent les guides. Et, ils ont raison, les guides bleus, jaunes, Cook ou Duchemin.

Les Valadon, eux, après leur arrivée à Ajaccio, remontèrent vers Corte ; et ils s'en tinrent à peu près à la zone Belgodère — Ile Rousse — en demeurant à l'hôtel. Mais, je me souviens, moi, ô ma chère Anna, de notre voyage plus long, à travers toute l'île, du Nord au Sud et de l'Est à l'Ouest, au temps de la folie !...

Et, toi, te souviens-tu ?... Te souviens-tu encore de nos courses à Vizzavona, à Bocognano, à Propriano, à Sartène, au mont de

Cagna, pour tomber juqu'à Bonifacio ?
Puis, étant repartis pour Zonza, Zicavo, Ghi-
soni, Vivario, Cargèse, Piana, Calacuccia et
Ponte-Leccia, toute la Corse, toutes les
crêtes, tous les monts, tous les cols, tous
les lacets, toutes les rivières, tous les torrents franchis ; et nos arrivées épuisées
dans des villages de pierres où les vieilles,
qui filaient, nous accueillaient avec tant de
surprise inquiète, aux aboiements de leurs
chiens ?... Dans ce temps-là, pas de cars-
automobiles, pas d'excursions commandées,
arrêtées, fixées. Des montagnes rouges, des
dentelures de rubis, des forêts de lentisques,
d'arbousiers, de cistes, de bruyères, de
chênes-verts, de châtaigniers, de sapins, de
hêtres, pour nous seuls, pour nous deux !...

C'est à Belgodère, — surtout à Corte, que
Suzanne Valadon réalisa le plus complet, le
plus déconcertant des paysages ; toute la
ville de Corte, avec tous ses détails de mai-

sons, de pierres, d'arbres, de haies, tout ce qui peut être dans une ville, enfin ! Les Primitifs, seuls, avaient eu, avant Valadon, cette patience-là d'aimer tout... du même amour. Oh ! l'étonnant tableau, où chaque maison a sa physionomie personnelle, son caractère propre, ses vêtements, sa couleur ; où toutes forment comme un « banquet de maisons », oserai-je dire, — vous savez, pareil à ces banquets de confréries hollandaises, que l'on voit si nombreux dans les musées d'Amsterdam ou de la Haye.

Utter, lui, peignit de la Corse ses ponts de pierre rouge, ses calvaires, ses paysages les plus âpres, les plus sombres, où des bleus sourds voisinent avec des rouges éteints, sous des ciels d'acier.

Et lui, Utrillo, pendant ce temps, il restait dans *ses nuages*. Devant un paysage, il pensait à autre chose. Il réalisa pour moi cette toile : *Un presbytère au pied du mont*

Cinto ; le mont était garni de soldats fran-
çais ! Il les effaça... plus tard ; et je le
regrette. J'ai toujours chéri sa fantaisie !...

En Corse, encore, il s'amusait. Il s'amusait à des promenades à bourriquets ; cés
ânes si doux, si braves, qui trottent si menu,
comme les ânes d'Afrique — et sans vous
fatiguer. Un jour, il se trouva devant un
ruisseau, et son grison refusa de le traverser. Prières, menaces, rien ne décidait l'ani-
mal. Le frapper, Maurice en était bien inca-
pable. Alors, on le vit mettre pied à terre,
et, après une dernière objurgation, essayer
de prendre l'âne à bras-le-corps pour l'en-
lever et le porter de l'autre côté du ruisseau.
Il n'y réussit point ; et ce fut Utter, moins
longanime, qui fouailla la bête récalcitrante
et l'obliga à passer...

Une autre année, les trois peintres se
logèrent à Vieux-Moulin, chez l'habitant,
dans la forêt de Compiègne. Moment de

féconde production pour tous les trois.
Utter peignit de nombreux paysages, d'aspect plutôt décoratif, de style volontairement synthétique — et dramatique ; Valadon réalisa je ne sais combien de toiles, grasses, suant la verdure et la sève, tout à fait belles ; et, Utrillo, des vues de Rethondes, des églises de village, des blanches, des noires, des grises — splendide moment de sa « production angélique ».

La « *petite communiante* » — que j'ai déjà citée — fut peinte à ce moment-là. C'est une petite église blanche, toute blanche, au bord d'une route toute blanche, sous un ciel tout blanc, — à peine de bleu. Ce chef-d'œuvre est unique, même dans l'œuvre de Maurice Utrillo. Il vaut — par l'émotion qu'il dégage, — par la science qu'il offre, en toute candeur, — par son humilité, par sa chasteté, par la force résolue de sa pauvre petite prière, — tous les plus beaux tableaux du monde. Rien, dans l'œuvre de Corot, — rien chez les Primitifs, — rien ne dépasse cela ; je veux dire : *rien ne l'égale !...* Vous souriez, Monsieur le premier peintre venu ? — Souriez !... Vous souriez, Madame ? Souriez !... Voici l'Archange au milieu du bestiaire !...

La mer, — mais la mer grise, cette fois, la mer maudite, Utrillo la retrouva, plus tard, au rivage de la Manche, à Genets, face au mont Saint-Michel ; et il lui apporta encore son rêve, tous ses rêves !...

Ah ! ce mont Tombe ou mont Saint-Michel, si Utrillo l'aima, lui, de la belle manière ! l'ont-ils assez pollué, au contraire, les touristes, les éternels Fiancés, les conjoints en voyage de noces ; l'ont-ils assez secoué de leurs rires, de leurs cris, de leurs digestions, de leurs omelettes de chez la mère Poulard, de leurs étreintes, au clair de lune ; l'ont-ils aussi assez bafoué, ridiculisé, banalisé, ce mont, les opérateurs de cinéma, les réalisateurs, les superproducteurs, les preneurs de vues ! Toute la cohue des cuistres, des impuissants, des imbéciles, s'est-elle assez abattue sur cet ancien couvent, sur cette forteresse, sur ces cachots que tu as imprégnés, toi, de ta grande ombre de sacrifié, ô Blanqui !...

Hélas ! il n'y a nul moyen d'empêcher cela ! Les chiens et les chiennes recherchent les grands murs pour pisser à leurs pieds...

Du mont Tombe, la trinité Valadon s'en fut, un autre été, à Anse, dans le savoureux Beaujolais, où de bons vins parfumés nous réclament tous. Sans doute, sans doute, ils ne peuvent faire la pige, ces rares fruités, à nos Pommard, à nos Chambertin, à nos Romanée, à nous, à moi, Bourguignon, né en Côte-d'Or, et qui passa si aisément du sein maternel au lourd et copieux biberon du vignoble-Roi ; *Ave Cœsar !* — mais

j'avoue que, souvent, par certaines aubes
fleuries, au moment de monter à cheval, —
quand la bête se secoue et que la selle
grince, — je laissais facilement passer sur
ma langue, l'excellent vin clairet, jeunes
rubis de tes pampres, ô Villefranche près
de la Saône ; — aussi je comprends, et
j'aime cette toile, où Utrillo, reconnaissant,
a placé devant une maison, celle qu'il oc-
cupa, trois ou quatre barriques, j'espère
vides du vin généreux qui flamboya en vos
honnêtes estomacs, ô glorieuse trinité des
Valadon !...

Mais, vous aussi, vous avez la bougeotte,
le tracassin ! Car, une autre année, ne fûtes-
vous point au château de Ségalas, par Baigts
et près d'Orthez, dans les Basses-Pyrénées ?
Au bord du gave de Pau, — mais alors si
sec, le pauvre torrent, que c'est bien sous
vos palais encore que se précipita la *cascade
de Gavarnie* du vin ; et je vous en félicite,

mordieu ! car nulle « substantifique »
moelle ne vaut la purée d'automne, la purée
rouge ou blanche qui ruisselle du pressoir
— et qui vous grise mieux encore que
toutes les odeurs sexuelles issues de la
Femme !...

Mais on me dit que, désormais, tous vos
étés, vous les passerez dans votre « domaine
féodal », au château de Saint-Barnard —
je dis bien : Barnard, sis au bord de la
Saône, et à trois kilomètres de Trévoux.
Vous voyez, je donne votre adresse com-
plète, ô Valadon — Utter — Utrillo, afin
que le premier bougre venu puisse, aux
jours chauds, quand le gosier lui gratte,
aller s'asseoir dans une de vos tours rondes
ou carrées, et lamper le pichet de vin frais
qui l'emporte si aisément, même sur l'eau
courante du ruisseau, ô idylle !...

*un soir dans la cellule
d'Utrillo.*

Ce soir, je suis assis dans la cellule d'Utrillo. Il m'a convié à l'aller entendre « dans ses œuvres », je veux dire : « dans ses interprétations pianistiques ». Car, de la flûte de zinc, Maurice est venu au petit piano d'enfant, sur lequel il recueille des airs sommaires.

Il le faut bien ; il ne peut guère réussir davantage, puisque ce petit piano, jouet de bazar, n'a que quelques notes ; mais, courageusement, Maurice cherche, cherche ; et il sourit des légers, si légers murmures de sons qu'il fait entendre : — Vous ne trouvez pas, me demande-t-il, on dirait que je heurte de la porcelaine ! — Mais non, Utrillo, lui dis-je, tu me fais songer parfois à Debussy !

8

— Vrai ?

— Vrai !

Alors, il repart sérieux et attentif comme lorsqu'il peint ; et il en est là, quand on lui apporte un harmonium, que sa mère a acheté pour lui. Toute sa figure s'illumine.

— Enfin, s'écrie-t-il, je vais jouer véritablement des airs ! » — et l'harmonium déjà en place et vigoureusement attaqué, Utrillo me persuade que l'instrument donne des sons d'orgue de Barbarie ; et il se lance dans le *Quadrille de Madame Angot.*

— Il ne faut pas tout de même que je fasse trop de bruit, me dit-il, très heureux. Il y a un poète au-dessous de moi, et il se fâche quand je l'empêche de trouver ses rimes. C'est M. Reverdy.. Tout de même, c'est bien ennuyeux de ne pouvoir se supporter l'un l'autre.

A présent, Utrillo en plaquant des accords, en tirant les « registres », en posant

les pieds sur les pédales, essaye la *Marche
de Sambre-et-Meuse*. Cela ne va pas sans
heurts, sans grognements de sa part ; et
des « Qu'est-ce que va dire, M. Reverdy ? »
Mais n'ayant nul moyen de contenter pleinement son voisin d'en-dessous, — son
propre désir de musique l'emportant au-
dessus de tout, — il s'enrage tout à coup et
il déchaîne tout un fracas guerrier. Quand
les sons ne viennent pas bien, il les chante,
et il les obtient comme avec un davier ; et
il s'impatiente, et il s'énerve, et il tape de
grands coups sur les touches qui gémissent,
tandis que les pédales s'époumonnent à
prendre de l'air, comme des phtisiques !...

Et voilà, en toute humilité, les actuelles
distractions de ce grand peintre, redevenu
enfant. Hier, il s'est amusé, toute la journée,
d'une pipe avec couvercle que je lui avais
apportée. Quand Utrillo a ainsi un nouveau
plaisir, tout Paris peut être menacé de flam-

ber ou d'un total engloutissement, Maurice
n'en a cure ; il est alors tout à sa joie. Dans
un moment, demain, il reprendra son tra-
vail de bœuf, dans son désert.

Dans son désert, — certes, on ne peut
mieux dire, même. Car Utrillo vit toujours
à l'écart de tous les autres peintres, entre
sa mère et André Utter. Il peint, il écrit dans
sa petite chambre ; il est indifférent à tout
le reste, qui nous distrait, nous. La Femme
même ne tient aucune place dans sa vie.
Seules, ses idées se localisent, parfois —
oui, peut-être ! — sur un chétif détail qui
nous fait sourire. Ainsi, à Genets, au cours
de ses vacances, un de ses vifs et durables
étonnements, ce fut le degré d'alcool du cidre ! Chaque jour, il rencontrait, — venu
également au mont Saint-Michel — Georges
Aubry, le dilettante marchand de tableaux
— mais est-on bien « marchand de tableaux » quand on est, comme lui, un esprit

aussi cultivé ? — et, chaque jour, c'était ce mot qui allait et revenait sur les lèvres d'Utrillo : — Tout de même, ce cidre, Monsieur Aubry, un tel degré d'alcool, c'est incroyable ! » Mais, sur la défensive, toujours, Aubry ne riait pas. Avec un pince-sans-rire, terriblement à froid, tel que l'est Utrillo, sait-on ? peut-on être fixé ?...

Dans son apparent désordre, tout n'est, en effet, qu'ordre et harmonie ! Nul peintre ne se souvient mieux de ses tableaux : détails de « manière », de saison, de date, etc. Les cartes postales illustrées, qui lui servent de modèles de paysages, sont, dans sa tête, placées, rangées, comme dans un fichier.

Il aime à écrire.

Il écrit partout, sur des bouts de papier, au dos de ses cartons, sur des minuscules carnets qui s'enfouissent dans ses poches, pleines toujours de tant d'objets hétéroclites.

Ce soir, il remue tout, il cherche partout — et il me montre ses « écrits ».

— D'abord, il faut que je vous dise cela, me dit Utrillo, j'aime la littérature à tendance fantastique, comme les histoires d'Edgar Poë ou les contes d'Hoffmann ; j'aime aussi les romans d'aventures...

— Par exemple ?

— Les romans de Gustave Aimard, de Fenimore Cooper, de Jean de la Hire, — et puis j'aime aussi les feuilletons de cape et d'épée du père Dumas, de Zévaco... et enfin, vous n'allez pas me trouver bien fixé, peut-être, je me distrais à lire, pêle-mêle, des choses burlesques ou des romans naturalistes, du Balzac, du Zola ; mais, pour moi, la meilleure lecture, c'est du Victor Hugo, que je ne connais pas encore très bien !...

— Personne ne le connaît très bien ; — Balzac, non plus, va.

— Oui, il y a trop de volumes pour un peintre qui fait tous les jours son « boulot ».

— Alors, qu'est-ce que tu aimes à écrire?

— Des pamphlets contre l'injustice, la médisance ; des poésies ayant un caractère tendre, exaltant la vertu, la pureté...

Et Maurice me tend des papiers chiffonnés, phrases tracées au crayon ou à l'encre, — et où, parfois, un mot est très nettement séparé des autres, très gros, et comme appuyé, gravé au crayon de couleur : vert, rouge, bleu, jaune. Evidemment, c'est le mot *clé de voûte*, le mot inspirateur qui, de surcroît, résume tout.

— Dites-moi, c'est... peut-être... un peu bizarre, ce mot-là en couleur, tout seul ?

Et Maurice a un peu d'inquiétude

— Mais non, lui dis-je, d'Aurevilly écrivait presque toujours ainsi, en employant des encres de couleurs variées.

— Ah !

Et, délivré de son bref souci :

— Voici, maintenant, des « écrits philo-sophiques » ! me dit Utrillo, en souriant.

Peut-être !... Mais je me souviens, moi, plutôt, de tant de lettres charmantes que j'ai reçues de lui, de tant de choses extraor-dinaires, vues, expliquées par lui, que je ne veux pas, aujourd'hui, révéler au public, — qui n'a, pour le moment, qu'à mieux com-prendre enfin les curieuses toiles du haut peintre que, pour ma part, j'encense depuis une bonne quinzaine d'années.

— *Le second Faust* m'attire ! reprend Utrillo, qui tient décidément à reparler de ses « écrits philosophiques ». Goethe a voulu, n'est-ce pas, symboliser ses concep-tions de la nature et de l'homme ? Et je ne sais pas pourquoi je prends du plaisir à cela, puisque l'homme ne m'intéresse pas, du moins à peindre ; je peins bien, parfois, des personnages ; mais plus ils sont loin sur mes tableaux, plus cela me plaît ! Les femmes, je leur accorde plus d'importance ; mais je ne suis guère la mode ; vous devez rire des grosses fesses, des grosses hanches que je leur fais ?

— Mais non ! dis-je, si tu les vois comme ça !

— Oui, je les vois comme des mères poules, vous comprenez ! Sur les toiles de maman, il y a aussi de grosses fesses ; c'est ça qui a dû m'influencer.

— Mais, dis-je, ta mère, Maurice, a peint de nombreux et puissants portraits ; cela ne t'a jamais tenté ?

— Non, je crois que je suis trop timide ; je ne peux pas regarder les gens bien en face ; alors, je ne pourrais rien faire de bon.

— Oui, il n'y a pour toi que tes maisons et tes arbres ?

— Je n'ai même, à vrai dire, jamais fait

de natures mortes. Pourtant, ça ne vous donne pas de l'inquiétude les fleurs, les fruits, les objets inanimés ; — ou je crois cela... et, au contraire, sans bien m'en rendre compte, je suis trop impressionné par le premier objet inanimé venu que je fixe, que je veux fixer !... Vous savez, on se fait des idées, on voit des formes si aisément... C'est pour cela que je n'aime pas à rester seul avec un chat ; tout d'un coup, il se met à suivre dans l'air comme des choses impalpables, qui passeraient ; et je me sens vite mal à l'aise... Aussi, dites-moi, monsieur Coquiot, vous ne la trouvez pas gaie, ma peinture, n'est-ce pas ?

— Mais elle n'est ni gaie ni triste ; elle est grave. Tu ne veux pourtant pas nous faire rire, mon bon Maurice ?

— Non !

— Ni nous alarmer ?

— Non, bien sûr !

— Écoute, Maurice, ta peinture a une
qualité d'ordre plus rare : elle est suprême-
ment émouvante. Sa gravité n'est jamais
banale. La moindre chose de toi donne un
choc au cœur. Et, pourtant, Dieu sait si tu
te contentes trop parfois de la première
carte postale venue ; si tu as l'air de te
contenter trop vite, devrais-je dire ; n'im-
porte, tu te tires de tous les mauvais pas-
sages ; tu rends attrayant le plus sommaire
décor ; tu fais toujours passer en nous un
frisson, même en représentant, en interpré-
tant un paysage nu ; tout de toi sort aroma-
tisé, mariné dans les jus, dans les épices,
dans les sucs des plus subtils et des plus
savants maîtres. Lesquels, après tout ? Je
serais bien embarrassé de te les nommer,
va. Tu es, à dire tout, un *cas*, un cas en
dehors de la peinture, un phénomène ; et
moi, qui vois tous les jours, chez moi, les
plus extraordinaires toiles que tu aies réa-

lisées, je me demande souvent comment, à
tant de sagesse on peut unir tant de génie ?
Tu sais, Maurice, que le radium a chambardé toute la chimie ; eh bien ! toi, tu es
le « radium pictural » qui a chambardé
toute la peinture. Quelle apothéose le jour
où l'on pourra montrer dans une vaste galerie tes quatre cents meilleures toiles ! Le
reste, on pourra le brûler : redites, toiles
apocryphes, méchants labeurs, etc.

Je parle, je parle, et Maurice — qui a
bien raison — ne m'écoute pas. Il s'est remis
à peindre doucement. Il est dans sa nuit
et dans sa lumière. Nous sommes deux
hommes isolés, ici, dans une petite chambre,
dans une toute petite chambre de la Butte.
Nous dominons Paris monstrueux, effroya-
ble. Paris des usines, des temples, des
églises, des abattoirs et des spectacles. La
clameur sourde des boulevards et des rues,
les sifflets des gares, tout cela bat vaine-

ment les murs de notre cellule. Il n'y a ici, pourtant, qu'un homme candide, chaste, qui peint, — et un autre homme, très angoissé, qui le regarde peindre !...

TABLE

Soc. Anon. Imp. de Navarre, 5, rue des Gobelins, Paris.